I0751350

LA FEMME EN PARACHUTE,

OU

LE SOUPÇON,

COMÉDIE EN UN ACTE ET EN PROSE, MÊLÉE DE VAUDEVILLES,

Par les citoyens HONORÉ et MONTBEL.

Représentée, pour la première fois, sur le théâtre Montansier, le 22 brumaire, an 8.

A PARIS,

Chez le Libraire au Théâtre du Vaudeville, rue de Malthe ;
Et à son Imprimerie rue des Droits-de-l'Homme, n°. 44.

AN VIII.

Les Exemplaires ont été fournis à la Bibliothèque nationale.

PERSONNAGES.

	ARTISTES. CC. et Cnes.
VERCEIL.	*Amiel.*
VICTOIRE, son épouse.	*Mengozzi.*
EUGENE, leur fils.	*Caroline.*
HELENE, nourrice de Victoire.	*Baroyer.*

La Scène se passe dans le jardin de Verceil.

COUPLET D'ANNONCE.

AIR : *de la Croisée.*

Vous plaire et monter dans les airs,
Qu'elle entreprise difficile !
Malgré la crainte d'un revers
Nous le tentons en vaudeville.
Puissions-nous, loin de succomber,
Evitant une double chûte,
Voir descendre..., mais non tomber,
La femme en parachute.

LA FEMME EN PARACHUTE,

OU

LE SOUPÇON,

COMÉDIE EN UN ACTE ET EN PROSE.

Le Théâtre représente, d'un côté, un pavillon communiquant à l'appartement ; de l'autre, un berceau.

SCENE PREMIERE.

VERCEIL, *seul.*

LA belle matinée ! Un homme sensible l'a dit, et je l'éprouve bien : « *Un beau jour est une fête que le ciel donne à la terre* ».

AIR : *Lorsque dans une tour obscure.*

A son réveil quand la nature,
Belle de ses vives couleurs,
Etale à nos yeux sa parure,
Et s'avance au milieu des fleurs,
Plongé dans une douce ivresse,
Je contemple avec volupté
Et son éternelle jeunesse
Et son éternelle beauté.

Sublime auteur de la nature,
Architecte de l'univers,
A tort notre raison murmure
Contre la rigueur des hivers:

Le sage sait braver l'approche
Et des frimats et des autans;
Dans un cœur exempt de reproche
Il trouve un éternel printems.

Mais mettons-nous à l'ouvrage. (*Il se met à tailler les arbres de son jardin.*) Elaguons ces branches parasites qui dérobent une substance précieuse, et dirigeons ces faibles rameaux, l'espoir d'une récolte abondante.

SCENE II.

VERCEIL, HÉLENE.

(*Helène voit en entrant une table couverte d'un cabaret, qui parait avoir servi à un déjeuner.*)

HELENE.

Mon dieu! mon dieu! sans moi ce cabaret passerait toute la journée au jardin.

VERCEIL, *continuant son ouvrage et le regardant avec satisfaction.*

C'est ainsi, ô mon Eugène! que je cherche à diriger vers le bien les qualités dont la nature a mis le germe dans ton cœur.

HELENE.

Veiller à tout, être chargée des moindres détails du ménage, sans cela Dieu sait comment tout irait dans la maison: madame a bien autre chose en tête... Je ne sais, par exemple, ce qui l'occupe aujourd'hui; mais à peine l'ai-je vue ce matin.

(*Elle emporte à diverses reprises les tasses, les fauteuils, etc.*)

VERCEIL.

Douce occupation, quels rapprochemens heureux tu fais naître dans mon cœur!

AIR : *Souvent la nuit quand je sommeille.*

Là, sous mes yeux croît et s'élève
Un jeune arbrisseau, dont ma main,
Chaque jour, rafraîchit la sève
Aux premiers rayons du matin;
Mais la nature à ma tendresse
Confie un plus cher arbrisseau:
La vertu, voilà le ruisseau
Dont je rafraîchis sa jeunesse.

Dans l'arbuste, jeune et flexible,
Dont la tige embellit ces bords,
Je vois ce fils tendre et sensible
Guidé par mes premiers efforts.
Ses boutons m'offrent son enfance;
Ses fleurs me peignent son printems,
Et bientôt, par mes soins constans,
J'aurai des fruits pour récompense.

(*Verceil se retourne et voit Hélène.*) Eh bien! Hélène, toujours laborieuse, toujours occupée, toujours plus active.

HELENE.

Sans doute, monsieur, et il le faut bien. Voulez-vous que j'attende que l'humidité ait gâté vos meubles, que votre petit étourdi d'Eugène ait cassé vos porcelaines, que votre sultanne vienne grimper sur vos chaises: je n'ai jamais un instant à perdre.

VERCEIL, *souriant.*

Tu es donc bien à plaindre avec nous!

HELENE.

Ce n'est pas ce que je dis.

VERCEIL, *s'approchant.*

Bonne Hélène! et ne sommes-nous pas tes bons

maîtres? ne suis-je pas ton ami? Ma Victoire t'aime tendrement. Je sais que son imagination ardente, amoureuse des grandes choses, par fois extrême, te donne plus d'un sujet de gronder; mais ce feu d'imagination se communique à son cœur, et nous lui devons l'amour qu'elle a pour nous. Et comment ne t'aimerait-elle pas! Ne l'as-tu pas nourrie de ton lait? n'est-elle pas ta fille!

HELENE, *avec sensibilité.*

Ah! sans doute, elle est ma fille.

AIR : *Comment goûter quelque repos.*

Lorsqu'un égoïsme cruel
Prive une tendre créature
De l'aliment que la nature
Avait mis au sein maternel,
Dès-lors dans une ame étrangère
Le sentiment fuit sans retour:
Peut-on, sans en prendre l'amour,
Prendre tous les soins d'une mère.

VERCEIL.

Eh bien, as-tu encore envie de gronder?

HELENE.

On dirait, à vous entendre, que je gronde toujours. Peut-on se fâcher avec ceux qu'on aime!

VERCEIL.

Allons, conviens que tu aimes un peu à te fâcher; mais je sais le moyen d'appaiser tout cela.

HELENE.

Comment donc?

VERCEIL.

Je connais ton sexe, plein de vertus aimables : ses défauts sont dans la légéreté. Aussi, près d'une femme,

AIR : *Réveillez-vous, belle endormie.*

Soit pour dissiper un caprice,
Soit pour guérir une vapeur,
Sais-tu quel est mon artifice?
C'est d'en appeler à son cœur.

SCÈNE III.

LES MÊMES, EUGENE.

EUGENE *arrive en courant, un papillon à la main.*

AIR : *Ah ! le bel oiseau, maman.*

OH ! le joli papillon,
Comme il agite ses ailes :
Je l'ai pris dans le vallon
Parmi les roses nouvelles.

(*à son papa.*)

Vois mon joli papillon :
Comme elles brillent ses ailes,
Rouge... bleu... noir... vermillon.
Oh ! le joli papillon.

VERCEIL.

Chacun a son papillon
Qu'il poursuit à tire-d'aile :
C'est Plutus, c'est Apollon,
C'est une mode nouvelle.
Chacun a son papillon
Qu'il poursuit à tire-d'aile :
Le bonheur même, dit-on,
N'est qu'un léger papillon.

HELENE.

Bon dieu ! que de papillons,
Voltigeant de belle en belle,
Vont dans les brillans salons
Chercher une fleur nouvelle.

Grace au ciel, ces papillons
Se brûlent à la chandelle;
Grace au ciel, ces papillons
N'habitent que les salons.

VERCEIL, *à Eugène qu'il vient d'embrasser.*

Mais te voilà tout en eau.

EUGENE.

Je le crois bien; c'est que, pour attraper un papillon, il faut courir au moins.

VERCEIL.

Sans doute.

HELENE, *le tirant à elle, et l'essuyant avec un air de bonté.*

Le petit drôle, voyez dans quel état il se met.

EUGENE.

Tu veux donc que je m'amuse comme une demoiselle à faire des poupées?

HELENE.

Allons, monsieur, taisez-vous.

VERCEIL, *les regardant avec attendrissement.*

Hélène, n'as-tu point vu ma femme? Elle nous a quitté aussitôt après le déjeûner: elle n'est pas venue, selon sa coutume, faire sa lecture sous le berceau. Où donc est-elle?

HELENE.

Je l'ignore si bien, que je n'ai pas pu lui dire un mot de la [illegible]née, et je gagerais qu'il y a quelque nouvelle idé[illegible] le tapis.

VERCEIL.

En effet, je lui ai trouvé l'air préoccupé ce matin; mais ce sera, je pense, quelques visites, quelques emplettes, quelques courses. Viens, Eugène, viens: en attendant ta mère, allons disposer quelques pots de fleurs dans le pavillon vitré, pour que ton petit prisonnier s'imagine être encore dans son charmant vallon.

EUGENE, *transporté de joie.*

Oui, oui : allons vîte, papa.

(Verceil et Eugène sortent.)

SCÈNE IV.

HELENE, VICTOIRE.

VICTOIRE *entre au moment où elle voit sortir son fils et son époux.*

JE peux entrer.

HELENE, *l'appercevant.*

A la fin vous voilà donc : je vous ai cherché toute la matinée ; monsieur Verceil vous cherchait aussi. Justement il vient de sortir avec Eugène ; mais je vais les appeler.

VICTOIRE.

Ce n'est pas nécessaire, mon amie ; j'ai, au contraire, besoin d'être un instant seule avec toi. Je veux te faire part d'un projet sublime que je suis sur le point d'exécuter, et qui doit faire le plus grand honneur à mon sexe.

HELENE.

Je l'avais bien dit, j'en étais bien sûre : voyons... quel est ce beau projet ?

VICTOIRE.

Je vais t'en instruire ; mais songe que j'ai besoin de toute ton amitié, et sur-tout de toute ta discrétion.

HELENE.

De l'amitié ! Ah ! vous connaissez ce cœur, Victoire ! Quant à la discrétion ? vous savez si j'en manque ; et quand j'en aurais parlé à monsieur Verceil, à...

VICTOIRE.

Garde-t-en bien, Hélène ; c'est précisément à mon mari que j'ai le plus d'intérêt de le cacher.

HELENE, *s'éloignant un peu.*

Gardez, gardez votre secret. (*revenant.*) Comment, madame, un projet que vous cachez à votre époux, lui qui vous aime si tendrement, lui dont la confiance...

VICTOIRE.

Rassure-toi, Hélène, mon secret n'est pas de nature à troubler notre union.

HELENE.

N'importe, madame.

AIR : *Où fuit-il donc ? où peut-il être ?*

Craignez qu'un innocent mystère
N'altère des liens si doux ;
Le moindre secret qu'on veut taire
Est un vol fait à son époux.
En vain, dans son amour peut-être,
Croyez-vous trouver un abri :
Le premier secret a fait naître
Le premier soupçon d'un mari.

VICTOIRE.

Calme-toi, bonne nourrice, tu vas voir que ce n'est que par amitié pour mon époux que je lui cache, pour quelques instans, ce qui pourrait allarmer sa tendresse.

HELENE.

A la bonne heure.

VICTOIRE.

Tu te rappelles l'impression que fit sur moi le premier ballon que je vis s'élever; tu sais combien de fois je t'ai dit que je n'imaginais pas de jouissance plus vive que celle de quitter la terre, de se frayer une route dans les nues, et d'aller respirer l'air pur des dieux.

HELENE.

Ah! vous m'en avez bien dit d'autres... Eh bien?

VICTOIRE.

Eh bien! j'accomplis aujourd'hui ce que, depuis long-tems, j'ai conçu et médité; je m'élève dans les airs.

HELENE.

Quoi.... vous.... dans ce ballon depuis si long-tems annoncé? Allons, vous voulez rire.

VICTOIRE.

Et qu'y a-t-il là qui puisse t'étonner?

AIR: *Contre les chagrins de la vie.*

Par l'entreprise où je m'engage
Je vais montrer à tous les yeux
Qu'une femme, par son courage,
Peut s'élever jusques aux cieux.
Oui, rompons l'étroite lisière
Où notre sexe est resserré;
C'est trop peu qu'il soit fait pour plaire,
Il est fait pour être admiré.

HELENE.

A quoi bon, à travers la nue,
Loin d'un fils et d'un bon époux,
Tenter une route inconnue,
Quand la gloire est si près de vous?

Ah ! dans le sein d'un bon ménage
Cherchons un bonheur ignoré,
Et notre sexe, bien plus sage,
En sera bien plus admiré.

Mais ce n'est pas tout; et les dangers d'une pareille entreprise ?

VICTOIRE.

Ne sauraient m'arrêter. Ces dangers, crois-moi, n'existent que dans l'imagination des hommes pusillanimes et peu instruits, à qui les plus simples lois de la nature paraissent des phénomènes.

HELENE.

Mais alors pourquoi vous cacher de votre mari? Ses lumières....

VICTOIRE.

Ses lumières....

AIR: *Ce fut par la faute du sort.*

Hélène, tu sais, si jamais,
Fuyant un avis salutaire,
Pour lui je couvris mes projets
Des voiles épais du mystère;
Mais ses lumières, en ce jour,
L'éclairciraient fort mal sans doute:
Quand on voit de l'œil de l'amour,
Celui de l'esprit n'y voit goûte

Tu sens, d'après cela, si j'ai raison de cacher mon dessein à mon époux. D'ailleurs, tu n'ignores pas que ses idées, à cet égard, ne cadrent pas tout-à-fait avec les miennes, et je craindrais, à te parler franchement, qu'il ne me taxât d'un peu de bizarrerie. Mais ces considérations te sont étrangères: apprends donc en quoi tu peux me servir.

HELENE.

Cette résolution est donc bien ferme ?

VICTOIRE.

Juge si je peux balancer : dans la matinée, dans une heure peut-être, elle s'exécute. Mais écoute : on doit bientôt m'apporter une lettre qui m'instruira de l'instant du départ ; l'habitude que l'amitié a établie entre mon mari et moi, de décacheter mutuellement celles qui nous sont adressées, m'oblige de prendre toutes les précautions nécessaires pour que celle-ci ne tombe pas entre ses mains. Veille donc à ce qu'elle ne soit remise qu'à toi.

HELENE.

Bon.

VICTOIRE.

Ce n'est pas tout. Tiens-toi prête à m'accompagner, et, dès que je me serai enlevée, tu retourneras auprès de mon époux faire ensorte que personne n'arrive jusqu'à lui. Je ne tarderai pas à te suivre, et l'aveu de mon entreprise, cette ombre de danger dissipée, les raisons mêmes de mon silence, m'obtiendront bientôt le pardon d'une légère inconséquence.

HELENE.

Vous arrangez tout cela à merveille pour vous; mais que dira à moi monsieur Verceil quand il saura que, confidente de vos projets, j'en ai favorisé l'exécution !

VICTOIRE.

Sers-moi, Hélène, et ne m'objecte plus rien. Vas, je me charge aussi de ton pardon. (*Hélène se retire.*) (*Victoire, à part.*) Je me félicite de ne lui avoir fait qu'une demi-confidence : si je lui eus parlé de parachute, jamais sa tendresse allarmée n'eût consenti à me servir.

SCENE V.

VERCEIL, EUGENE, VICTOIRE.

VERCEIL.

Te voilà enfin, mon amie: nous n'espérions plus te rencontrer.

EUGENE.

C'est vrai, maman, et nous t'avons bien desirée.

VICTOIRE.

Embrasse-moi, mon fils. (*à Verceil.*) Mon ami, j'étais sorti pour faire quelques emplettes.

VERCEIL.

La matinée était si belle que, si tu n'étais pas sortie d'aussi bonne heure, nous en aurions profité pour faire une partie de campagne : on jouit si bien de la nature quand on a près de soi tout ce qu'on aime.

EUGENE.

Mon papa a bien raison : je ne m'amuse jamais tant que lorsque je m'amuse avec toi ou avec lui.

VERCEIL.

Allons, il nous faut consacrer cette journée à quelque partie de plaisir. Mon amie, j'imagine un projet qui te plaira, j'en suis sûr : je sais que tout ce qui porte un caractère de grandeur, de force d'ame, d'originalité même, n'est pas loin d'avoir ton suffrage.

VICTOIRE.

Dans tout autre moment j'aurais, mon ami, de quoi

te répondre; mais explique-toi : je suis impatiente de connaître ce que tu veux faire.

VERCEIL.

J'étais bien sûr de t'intéresser. Sachez donc que mon projet est que nous allions voir tous les trois le ballon qui doit s'élever aujourd'hui, et duquel une femme doit, à une immense distance de la terre, se détacher et descendre en parachute. (*Victoire fait un mouvement de surprise.*)

EUGENE.

Oh! mon papa, que j'aurai de plaisir à voir ce ballon! C'est si joli: je n'en ai vu qu'un dans ma vie, mais il m'en souvient bien.

AIR: *Ah! que je sens d'impatience.*

Ah! que je sens d'impatience,
Je ne contiens plus mon desir:
Comme mon cœur se peint d'avance
Le bonheur dont il va jouir.
O trop heureux Eugène!
Pour voir ce phénomène
Ah! comme tes yeux vont s'ouvrir.
Dans une légère nacelle
Une femme s'élancera,
  Soudain partira,
  Dans l'air planera,
  Se balancera,
  Puis redescendra,
 Oui-dà, oui-dà, oui-dà.
   Près d'elle
 Je crois être déjà.

Allons, je vais vîte me préparer; cela ne sera pas long. (*Il sort.*)

SCENE VI.

VERCEIL, VICTOIRE.

VERCEIL.

Eh bien ! Victoire, que penses-tu de ma proposition ?

VICTOIRE, *à part.*

Tâchons de l'en détourner. (*haut.*) Mais....

VERCEIL.

Comment, mais... Voilà ta cause gagnée ; une entreprise hardie, terminée à la gloire de ton sexe, c'est te donner des armes contre moi.

VICTOIRE.

Elle n'est pas, j'en conviens, sans quelque mérite, mais n'a rien qui doive surprendre, et mon sexe a, dans plus d'une occasion, donné des preuves non moins éclatantes de son courage ; je vois ici beaucoup de témérité.

VERCEIL.

Témérité soit ; mais encore cette témérité annonce-t-elle une force d'ame dont je soupçonne bien peu d'hommes d'être capables.

VICTOIRE.

Cela n'est pas étonnant.

AIR : *Femmes, voulez-vous éprouver.*

Quand un char, qui vole et fend l'air,
Entraîne Iris dans la carrière ;
Qu'un coursier, prompt comme l'éclair,
Obéit à sa main légère ;

Nonchalamment

Nonchalamment dans un boudoir
Cléon de Vénus suit les traces;
Et n'y cherche, hélas! qu'un miroir
Pour y mieux admirer ses graces.

VERCEIL.

Aussi, pour peu que cela continue,

Avec nos généreux guerriers,
Bientôt, sur les pas de la gloire,
Tu pourras cueillir des lauriers,
Sexe chéri de la victoire.
Oui, notre courage, à présent,
Est votre partage, mesdames;
Et cela n'est pas étonnant,
On voit tant d'hommes qui sont femmes.

VICTOIRE.

Nous n'avons pas besoin, mon ami, d'abaisser ton sexe pour élever le mien, sur-tout quand il s'agit de défendre un projet qui n'est rien moins que sensé, et qui ne peut sortir que d'une imagination exaltée.

VERCEIL.

Mais non; je gagerais, au contraire, que cette femme n'est point une femme ordinaire.

VICTOIRE.

Je le crois... Le trait est sans exemple, et aura sans doute peu d'imitateurs.

VERCEIL.

Mais tu m'étonnes: je croyais trouver en toi un chaud défenseur de cette entreprise, et c'est moi, au contraire, qui suis obligé de la défendre contre tes propres attaques.

VICTOIRE, *cachant à peine sa joie.*

Quoi! sérieusement tu l'approuverais!

VERCEIL.

Mais je ne vois pas ce qui pourrait me la faire blâmer. Je sais qu'en l'examinant avec les yeux sévères de la raison, on pourrait y trouver quelqu'inconséquence, quelqu'imprudence même, et je m'attends bien qu'on décochera sur cette femme plus d'un trait malin. Je veux bien, s'il le faut pour te plaire, convenir qu'il y a dans ce projet un petit grain de folie; mais, après tout, cette folie en vaut bien une autre, et tu connais ma philosophie à ce sujet. D'ailleurs, je t'avoue que je ne serais pas fâché de voir se perfectionner les parachutes; tant de gens en auraient besoin!

AIR : *De la croisée.*

Que de poëtes béniraient
L'usage heureux du parachute.

VICTOIRE.

Nos drames seuls enrichiraient
Tous les marchands de parachûte.

VERCEIL.

Femme, je crois, dans plus d'un cas
Aurait besoin de parachute.

VICTOIRE, *fièrement.*

L'honneur pour elles n'est-il pas
Le plus sûr parachute?

VERCEIL.

Allons, conviens que j'ai eu une idée heureuse, et qu'elle va nous faire passer une journée agréable.

VICTOIRE, *à part.*

Je suis perdue, il persiste plus que jamais.

VERCEIL.

Tu ne me réponds rien: d'où naît ton embarras? Quelque chose, je le vois, t'occupe désagréablement, et, plus d'une fois même pendant notre entretien, j'ai cru remarquer en toi quelques signes de gène.

VICTOIRE.

Mais....

VERCEIL.

Qu'as-tu ? parle.

VICTOIRE.

Rien, mon ami, peu de chose.

VERCEIL.

De grâce, explique-toi. Ton silence, loin de calmer mon inquiétude, ne servirait qu'à la doubler.

VICTOIRE.

Tu vas te fâcher.

VERCEIL.

Ah ! peux-tu le craindre ?

VICTOIRE.

Je crains au moins de t'affliger, en t'avouant que je ne puis aujourd'hui partager tes plaisirs : je me suis engagée ce matin, j'ai promis.

VERCEIL.

Tu me rassures. Si c'est là l'unique sujet de tes distractions, reprends, mon amie, toute ta sérénité : je m'étais promis, il est vrai, quelque plaisir ; mais il disparaîtrait dès que tu ne le partages pas. Eh bien ! nous resterons ici avec Eugène : je me charge de consoler ce cher enfant.

VICTOIRE.

Que n'ai-je pu prévoir.... je n'aurais point promis à madame Villeterre d'aller passer la journée avec elle.

VERCEIL.

Quoi! c'est une visite à madame Villeterre qui contrarie nos projets! cette femme toujours occupée de ses plaisirs, qui, au milieu de sa nombreuse société, s'appercevra à peine que tu lui manques. Oh! non, Victoire, non, tu ne lui sacrifieras point les plaisirs d'un fils et d'un époux à qui ta présence est si nécessaire.

VICTOIRE.

Mais, mon ami, j'ai donné ma parole.

VERCEIL.

Tout le monde sait bien ce qu'est une parole de cette nature.

VICTOIRE, *avec un embarras gradué.*

N'insiste pas, mon ami, j'ai des raisons.

VERCEIL, *avec attendrissement.*

Des raisons que j'ignore, Victoire?

VICTOIRE.

Mais... mais...

VERCEIL.

Tu hésites. . Quoi! toute ta confiance ne m'appartient plus? J'aurais eu le malheur....

VICTOIRE, *l'interrompant.*

Non; mais il est des choses...

VERCEIL.

Que je ne dois point savoir. Je respecte vos secrets, et je me retire. (*Il sort lentement.*)

VICTOIRE, *à part.*

Mon silence l'afflige... J'étais au moment de lui

tout avouer; mais comment reculer à présent. O crainte du ridicule! ô funeste vanité!

SCENE VII.

VICTOIRE, EUGENE.

(*Pendant l'à parte de Victoire, Eugène arrive en sautant d'un air joyeux: il rencontre son père, lui saute au cou. Celui-ci serre son fils dans ses bras, jette sur Victoire un regard attendri, et sort subitement. Alors Eugène accourt auprès de sa mère.*)

VICTOIRE, *aussitôt qu'elle apperçoit Eugène.*

DIEU! voilà mon fils. Cachons mon trouble.

EUGENE.

Oh! maman, qu'est-il donc arrivé à papa? il a l'air bien triste.

VICTOIRE.

Mais rien... comme à l'ordinaire, son air un peu rêveur.

EUGENE.

Oh! non, c'était bien de la tristesse: il m'a embrassé sans rien dire, et ensuite il t'a regardé avec un œil... Je vois bien que nous n'irons pas au ballon.

VICTOIRE.

Que cela ne t'afflige pas: des occupations m'en empêchent aujourd'hui; mais sois sûr qu'un autre jour nous te dédommagerons de cette petite privation.

EUGENE.

Ce n'est pas ce qui m'inquiette le plus. Je suis sûr que papa a du chagrin : tu veux en vain me le cacher, puisque je l'ai vu ; je vais le trouver.

AIR : *Tendres amans, cueillez d s fleurs.*

Laisse-moi voler dans ses bras ;
Un baiser calmera sa peine ;
Il trouva toujours des appas
Aux caresses de son Eugène.
Puissai je, par un doux sourire,
Dissiper sa douleur amère :
N'est-ce pas à la main d'un fils
A sécher les larmes d'un père ?

Tu es triste... tu pleures... Eh ! bien, je vais pleurer aussi, et nous pleurerons tous.

VICTOIRE.

Juste ciel ! et c'est moi qui porte ainsi la désolation dans le cœur de tout ce qui m'est cher !

EUGENE.

Voilà une journée bien gaie.

VICTOIRE.

C'en est fait, mon parti est pris, je vais tout avouer. Viens, Eugène, allons trouver ton père, allons le consoler.

EUGENE.

Laisse-moi avant bien essuyer tes larmes, car ta tristesse augmenterait la sienne.

VICTOIRE, *l'embrassant.*

Aimable enfant !

SCENE VIII.

LES MÊMES, HELENE.

(*Hélène entre, et voyant Victoire s'éloignant avec Eugène, tire doucement le pan de sa robe.*)

HELENE.

MADAME?

VICTOIRE.

Dieux! Hélène. Eh bien! que me veux-tu?

HELENE.

J'ai à vous parler... Faites éloigner cet enfant.

VICTOIRE.

A quoi bon?

HELENE.

La lettre...

VICTOIRE.

Juste ciel!... Vas, Eugène, vas trouver ton père; je te suis à l'instant. (*à Helène.*) Eh bien?

HELENE.

Tenez, la voilà, votre lettre. Ne croyez pas que ce soit de bon cœur que je vous la donne: j'ai là un pressentiment qui me dit que je fais mal, et vous verrez qu'il en mésarrivera.

VICTOIRE.

Que faire?... à quoi me résoudre? (*Elle prend la lettre.*) N'a-t-on rien dit en te la remettant?

HELENE.

J'ai bien retenu tout ce qu'il m'a débité : il dit... qu'il vous attend... ; que vous vous hâtiez... ; que l'assemblée est nombreuse et brillante... ; qu'on commence même à s'impatienter.

VICTOIRE, *après avoir lu la lettre.*

Ciel ! tout est prêt, on n'attend plus que moi... On compte sur mon courage. Tromperai-je leur attente?... Mais Verceil que j'ai affligé... et qu'un aveu peut-être.., Non, que sa tendresse l'ignore : encore quelques instans, et il me sera aisé de le consoler. Cependant, si... Mais le ridicule dont je me couvrirais... ; mais la gloire qui va en rejaillir sur moi. On compte sur mon courage : on n'y aura point compté en vain. Oui, je saurai donner aujourd'hui ce grand exemple à mon sexe ; je forcerai l'envie même à m'admirer.

AIR : *Du citoyen Foignet.*

Ou du Serein qui te fait envie.

C'en est fait, et rien ne m'arrête ;
Non, je n'irai point lâchement
Par une honteuse défaite,
Tromper la gloire qui m'attend.
Que mon nom vole d'âge en âge
Étonner la postérité !
Je vais marquer dans un nuage
Ma place à l'immortalité.

(*Dans ce moment d'enthousiasme elle laisse tomber sa lettre, et ne s'en apperçoit pas.*)

Allons, Hélène, partons.

HELENE.

Il faut bien faire tout ce que vous voulez.

SCÈNE IX.

LES MEMES, EUGENE.

VICTOIRE.

QUEL contretems ! déjà mon fils de retour,

EUGENE.

Je n'ai pas trouvé mon papa, et je reviens près de toi.

VICTOIRE, *d'un air agité.*

Mon ami, je suis obligée de sortir à l'instant.

EUGENE.

Comment ! tu sors, et tu me laisse?

VICTOIRE.

Une affaire des plus pressées m'appelle ; mais je ne tarderai pas à revenir. (*Elle sort avec Hélene.*)

SCÈNE X.

EUGENE, *seul.*

EH bien ! voilà donc cette journée qui devait être si bien employée. Je suis sûr qu'il part à présent ce ballon. Au lieu de cela me voilà ici, et seul encore. Que faire. Ah !.... j'ai mon cahier de musique. (*Il le parcourt.*) Que cet air est joli ; mais qu'il est difficile. C'est égal, je veux surprendre mon papa.

AIR : *Enfant chéri des dames.*

Il n'est dans cette vie
Ni peine, ni chagrin,
Qu'aisément on n'oublie
Par un joyeux refrain.

L'amant timide, à sa maîtresse,
Veut-il demander du retour,
Dans un couplet il peint, avec adresse,
Et son espoir et son amour.
A son tour, l'amante craintive,
Sans effaroucher la pudeur,
Peut, dans une chanson naïve,
Laisser parler son jeune cœur.
Sur sa lèvre de rose,
Le mystère repose;
Mais le plaisir lui dit d'un air malin :
D'un amant qui soupire
Dissipez le chagrin.
Sans crainte on peut tout dire
Par un joyeux refrain.

La tendre tourterelle,
Long-tems avant le jour,
Vient, d'une voix fidelle,
Roucouler son amour :
L'amant, dans l'esclavage,
Par gentille chanson,
Retrouve son courage,
Et charme sa prison
Bon, bon.
Ecoutez tous ce que dit la raison :
Il n'est dans cette vie
Ni peine, ni chagrin,
Qu'aisément on n'oublie
Par un joyeux refrain.

(Il s'assied dans le berceau et feuillete son cahier de musique.)

SCENE XI.

VERCEIL, EUGENE.

(Verceil entre sur la fin et sans voir son fils; il fait quelques pas en silence.)

VERCEIL.

Oui, j'ai eu tort, et je dois réparer ma faute. Je n'ai point assez ménagé sa sensibilité. Devais-je, pour un simple ballon, pour un secret à coup sûr innocent, la contrarier ainsi? elle qui répand tant de charmes sur ma vie? Te voilà, mon fils.

EUGENE.

Ah! papa, je te cherchais il n'y a qu'un instant. Je t'ai trouvé si triste quand je t'ai rencontré; mais je te revois plus gai et je suis content.

VERCEIL.

Que veux-tu, mon ami, la vie est mêlée de peines et de plaisirs.

AIR: *Avec les jeux dans le village.*

Lorsque la sage providence
Des mortels régla les destins,
A poids égaux dans la balance,
Elle mit plaisirs et chagrins;
Bientôt écartant l'innocence,
Le vice centupla les maux;
Mais l'amitié, la bienfaisance,
Rendent encor les poids égaux.

Mais je croyais trouver ici ta mère.

EUGENE.

Elle y était il n'y a qu'un instant avec Hélène; elles sont sorties ensemble.

VERCEIL.

Cette absence me contrarie. Elle ne t'a rien dit?

EUGENE.

Elle m'a dit seulement qu'une affaire très-pressée l'appellait en ville, et elle ma quittée.

VERCEIL, (*à part.*)

Une affaire très-pressée... (*à Eugene.*) Eugene, Hélène sans doute ne tardera pas à rentrer, peut-être même l'est-elle déjà ; vas lui dire que je l'attends ici.

EUGENE.

Tout de suite?

VERCEIL.

Oui, tout de suite. (*Eugene sort.*)

SCENE XII.

VERCEIL, *seul.*

IL faut qu'il y ait aujourd'hui quelque chose d'extraordinaire, Cette absence de ce matin, cette petite obstination, ce départ avec Hélène, tout me fait penser... non que ma tendresse en soit allarmée: mais ma curiosité en est piquée.... Que vois-je.... une lettre décachetée... Lisons: (*Il lit.*)

» *Tout est prêt, madame, partez à l'instant. La présente vous sera remise par un jeune homme intelligent qui connaît votre époux, et qui saura éviter toute méprise funeste.* » Que veut dire ceci? (*Il lit.*) » *Une voiture vous attend à votre porte. Hâtez-vous de vous rendre à nos désirs, on n'attend plus que vous pour l'enlèvement.* » O ciel! elle est adressée à ma femme. (*Il lit.*) » *La*

» *tems, l'heure, tout vous favorise, tout vous promet le* » *plus heureux voyage. Que rien ne vous arrête, nous nous* » *en rapportons à votre courage* ».

» P. S. *Puisque votre nourrice est dans la confidence,* » *il ne sera pas inutile de la mener avec vous.* »

Je suis anéanti! ... mais ai-je bien lu, n'est-ce point un rêve? Ah! malheureux Verceil, tu voudrais en vain t'abuser. Tout est perdu pour toi. Cruelle femme! et c'était là le prix que tu réservais à ma tendresse. Ah! comment désormais croire à la vertu!

SCENE XIII.

VERCEIL, HELENE.

HELENE, *toute essoufflée.*

AH! mon dieu! que me veut-il donc?

VERCEIL.

Où est ma femme?

HELENE.

Je l'ignore.

VERCEIL.

Tu me trompes.

HELENE.

Cela est vrai, monsieur, car aussi bien il m'en coûte déjà de mentir.

VERCEIL.

Tes détours eussent été vains. Je sais tout, et cette lettre ne m'a que trop instruit de ma honte et de mon malheur. Voilà donc son obstination expliquée? Voilà donc cette prétendue visite à madame Villeterre!

HELENE.

Hélas! oui; tout cela n'était qu'un prétexte.

VERCEIL.

Cruelle femme! et que manquait-il à ton bonheur, n'était-il pas le but où tendaient tous mes vœux? Mais achève... parle, où est ma femme?

HELENE.

Je la crois bien loin de vous, elle allait comme le vent.

VERCEIL.

Tu l'as vue partir! ... Toi-même!

HELENE.

Sans doute. Je vous le disais bien que les écarts de son esprit auraient des conséquences funestes.

VERCEIL.

Mais vous, Hélène, qui joignez à un esprit excellent, une ame honnête, comment avez-vous pu donner la main à ce projet!

HELENE.

Le ciel m'est témoin que j'ai fait pour l'en détourner tout ce qui a dépendu moi. Je lui ai mis devant les yeux son fils, son époux, votre bonheur.

VERCEIL.

Eh bien?

HELENE.

Oh! son parti était pris irrévocablement, la tête lui en tournait.

VERCEIL.

Ce dernier coup m'accable, et je n'y survivrai pas.

HELENE.

Mais, monsieur, votre douleur vous égare; car enfin, tout n'est pas perdu, il peut n'en résulter aucun accident.

VERCEIL.

Ma honte et ma douleur en existeront-elles moins?

HELENE.

Mais je vous dis, monsieur, que j'ai les plus belles espérances.

VERCEIL.

Et que veux-tu que j'espère encore.

HELENE.

Le retour de madame.

VERCEIL.

Quoi! elle oserait reparaître devant moi!

HELENE.

S'il faut vous le dire, je n'aurais jamais cru que vous prissiez si mal la chose. Comment, monsieur, son repentir?...

VERCEIL.

Serait inutile. Oui, quoiqu'il doive m'en coûter, je suis décidé à ne plus la revoir. Je ne veux point être à la fois le scandale des hommes vertueux, et le jouet des êtres corrompus; quelle reste avec le malheureux qui a pu l'engager à cette action coupable et qui sans doute est parti avec elle.

HELENE.

Vous êtes dans l'erreur, je vous proteste que madame est partie seule.

VERCEIL.

Quelqu'un sans doute l'attendait à un lieu indiqué.

HELENE.

Je vous assure qu'elle n'a pas rencontré beaucoup de monde en route, et qu'on ne l'attendait nulle part, elle allait au gré du vent.

VERCEIL.

Cessez d'irriter ma douleur.

HELENE.

Quel entêtement! Je vous dis, monsieur, que vous devez vous rassurer, et que l'enlèvement s'est fait avec le plus grand succès.

VERCEIL.

C'en est trop, Hélène, retirez-vous.

HELENE.

Savez-vous bien qu'à la fin vous m'impatientez aussi, car après tout, est-on si criminelle pour être montée dans un ballon?

VERCEIL.

Que voulez-vous dire... un ballon... ciel! ... serait-il possible! ... mais cette lettre?

HELENE.

Eh bien! cette lettre ne vous apprend rien autre chose q[illegible] son départ dans le ballon.

VERCEIL.

Je reste confondu. Mais pourquoi à l'inquiétude dont j'étais dévoré, en faut-il voir succéder une non moins vive et bien plus fondée, et les dangers du parachute?

HELENE.

Parachute, monsieur, parachute! Oh! pour cela je n'y suis pour rien, je n'étais que pour le ballon.

VERCEIL.

Elle trompait aussi ta tendresse!

HELENE.

Voyez ce que c'est.

VERCEIL.

Ah! que tardons-nous, volons à son secours.... mais où porter nos pas.

SCENE

SCENE XIV.

LES MÊMES, EUGENE.

EUGENE, *arrive en courant.*

PAPA, papa, ... un ballon, un ballon.

VERCEIL.

Comment, un ballon?

EUGENE.

Oui, oui, ... là haut ... presque sur le jardin.

VERCEIL.

En effet. Me trompai-je .... une femme .... c'est mon épouse.

EUGENE.

C'est maman!

VERCEIL.

Grand dieu! le parachute se détache. (*Hélène pousse un cri.*) Je respire! il est déployé.

EUGENE.

Ah! papa, comme il descend lentement.

HELENE.

Je suis plus morte que vive.

VERCEIL.

Mes amis, l'espoir commence à renaître dans mon cœur, adressons nos vœux au ciel.

TRIO.

Ciel protecteur! dissipe nos allarmes;
Jette sur nous un regard bienfaisant;
Reçois nos vœux, et témoin de nos larmes,
Daigne veiller sur elle un seul instant.

SCENE XV.

LES MÊMES, VICTOIRE.

(*On voit paraître Victoire qui descend lentement dans un parachute.*)

VICTOIRE, *se jette dans les bras de son fils et de son époux.*

O MON fils ! ô mon époux ! je vous revois. Laissez-moi vous serrer là. . . et toi aussi, viens, Hélène, viens près de mon cœur, je suis ta fille. (*à Verceil.*) Mon ami, me pardonneras-tu ?

VERCEIL.

Ah ! laisse-moi tout entier au plaisir de te presser sur mon cœur.

VICTOIRE.

Mes amis, j'ai cru un instant ne plus vous revoir ; oh ! combien j'ai senti douloureusement les liens qui m'attachaient à la vie !

VERCEIL.

Allons, allons, Victoire, remets un peu tes esprits, le danger est passé. Ne songeons qu'au bonheur d'être réunis pour ne plus nous séparer ; tu nous compteras un autre moment les détails de ton voyage.

EUGENE.

Oh ! oui, tu nous compteras tout.

VERCEIL.

Peut-être en tirerons-nous cette instruction utile, que c'est dans les tendres soins, dans les affections domestiques qu'il faut chercher le vrai bonheur, et qu'il est toujours dangereux de s'écarter de la route que la nature elle-même a pris soin de nous tracer. Pourtant, je dois avouer une chose, j'admire ton courage, et je t'en fais mon compliment.

VICTOIRE.

Je l'accepte, mais pour le rendre à qui il appartient.

VAUDEVILLE.

AIR: *De la Soirée orageuse.*

VICTOIRE.

Toi qui sur l'aile du zéphir
Dompta les airs par ton courage,
Toi que nous sûmes applaudir,
Pardonne un léger badinage;
Aux tristes censeurs désormais
Ne redoute pas d'être en butte;
Va, leurs traits n'atteindront jamais
La hauteur de ton parachute.

HELENE.

Je vois tous les cœurs satisfaits,
Dans tous les yeux la gaité brille;
Puissions nous voir ainsi la paix
Régner dans la grande famille;
Puissions nous enfin plus heureux,
Après une trop longue lutte,
La voir redescendre des cieux,
A l'aide d'un bon parachute.

VICTOIRE.

Douce paix! céleste présent,
Es-tu bien loin de nous encore?

VERCEIL.

Non, l'astre sorti d'orient
Nous en fait présager l'aurore;
Je crois voir tous les potentats,
Empressés de finir la lutte,
L'intrigant peut aller tout bas
Se commander un parachute.

EUGENE.

De deux faibles auteurs, hélas!
Recevez ce premier ouvrage,
Trop heureux si leurs premiers pas
Sont marqués par votre suffrage;
Sur leurs défauts fermez les yeux,
Et que leur muse qui débute,
Dans votre indulgence pour eux,
Trouve à l'instant un parachute.

FIN.

A PARIS de l'Imprimerie rue des Droits-de-l'Homme, N°. 44.

255

www.ingramcontent.com/pod-product-compliance
Lightning Source LLC
LaVergne TN
LVHW020629110826
845149LV00004B/1103

* 9 7 8 2 0 1 9 2 0 1 6 0 9 *